Vermiete Deinen Tesla

Herzlich gewidmet ist das Buch
meiner Mutter, meiner Freundin Carla,
und meinem Tesla-Freund Jürgen Wonner

Niklas C. Elser

Vermiete Deinen Tesla

Erfahrungen aus der Praxis für die Praxis

Bibliografische Information der Deutschen Nationalbibliothek:
Die Deutsche Nationalbibliothek verzeichnet diese Publikation in der Deutschen Nationalbibliografie; detaillierte bibliografische Daten sind im Internet über http://dnb.d-nb.de abrufbar.

© 2020 Niklas C. Elser
1. Auflage
Journalistische Unterstützung: Bernd. H. Litti
Gestaltung und Satz: Alex Beck, art in action, München
Umschlaggestaltung: Alex Beck
Herstellung und Verlag: BoD – Books on Demand, Norderstedt
ISBN: 978-3-7519-3264-6

Vorwort

Liebe Leserinnen, lieber Leser,

in der Freizeit spiele ich gerne Blitzschach. So manche Stadtmeisterschaft habe ich schon gewonnen. Ausschlaggebend war wohl mein analytisches und strategisches Denken, was mir auch bei meinem Lieblingsprojekt: „der Autovermietung", entscheidende Vorteile brachte.

„Haben kommt von Halten". Dieser Grundsatz prägt mich schon seit meiner Kindheit. Ich bekam als Neunjähriger 100 Deutsche Mark für 14 Tage Ferienlager und ich kam mit 120 Mark zurück, während die meisten meiner Mitschüler in der Zeit Schulden gemacht haben. Ihr seht, ich war schon früh auf der Suche nach Verdienstmöglichkeiten.

Als ich meinen Tesla, ein SR+ Model, endlich an einem Samstag in Neuss abholen durfte, war ich unbeschreiblich glücklich. Das Auto ist fantastisch. Starke 300 PS, ein 15 Zoll Bildschirm, eine unglaubliche Ausstattung – und das Beste, es kann alleine fahren.

Natürlich ist so ein Tesla zunächst einmal eine Investition, doch ich wusste schon, wie ich auch mit diesem Auto wieder Geld verdienen würde. Ohne große Mühe und mit viel Spaß. Mit der Zeit sprachen mich mehr und mehr Menschen an. Wollten wissen, wie das so geht. Tolle Autos fahren und damit noch Geld verdienen. Gerne habe ich mein Wissen weitergegeben. Als die Anfragen immer mehr wurden, kam mir die Idee einen Ratgeber für technikverliebte Menschen zu schreiben, die sich mit ihrer Leidenschaft für Technologien der Zukunft ebenfalls auch eine Einnahmequelle erschließen können.

Dieses Buch wendet sich an die smarten Sparfüchse, egal wie alt oder vermögend Du bist. Es informiert ausführlich und detailliert über drei Bereiche:

Kaufen oder Finanzieren
Fixkosten
Vermietung als Nebenverdienst

Hier geht es um die Praxis. Viele **Fotos** und **Vorlagen** zeigen, was Du tun kannst und **vor allem** was Du an Hintergrundwissen brauchst. Alles wird leicht verständlich und umfangreich erklärt.

Dieses Buch soll Dir helfen, die ersten Hürden zu nehmen, um erfolgreich Elektroautos zu vermieten, ohne dass dabei Leistungsdruck entsteht. Bitte betrachte deshalb die vielen Vorschläge als Anregung und nicht als „Arbeit". Was immer man tut, soll Spaß machen. Mach also nur Sachen, bei denen Du ein gutes Gefühl hast. Ziel dieses Ratgebers ist es, Dir zu zeigen, wie Du schnell Geld verdienen kannst und dass dabei alle Seiten profitieren können.

Alles Gute und viel Erfolg!

Niklas C. Elser

P.S. Für den Fall, dass Du eine Anleitung benötigst, stehe ich Dir gerne zu Verfügung. Schreib mich gleich an und buche ein kostengünstiges Coaching.

Email: Elser.Niklas@gmail.com
Instragram: Vermiete_Deinen_Tesla

Schönes Auto, aber für mich war es schwer zu verkaufen

Wie alles begann

Als ich mir meinen neuen Porsche Boxster 718 PDK gekauft habe, hatte ich noch nicht die Idee, mein Auto zu vermieten. Mein Ziel damals war es, den Wagen günstig zu kaufen, eine Zeit lang zu fahren und dann zeitnah wieder für einen guten Preis zu verkaufen. Deshalb habe ich den Porsche schon bald nach dem Kauf bei mobile.de inseriert, um ihn wieder auf den Markt zu geben. Leider war der Porsche, nicht so leicht verkäuflich, wie erhofft.

Mein Tesla-Freund Jürgen gab mir den Tipp, dass ich doch meinen Porsche vermieten könnte. Die Idee gefiel mir, und so fing alles an.

„Nichts ist mächtiger als eine Idee, deren Zeit gekommen ist"
(Victor Hugo)

Es war einfach eine prima Möglichkeit, ein sehr schönes Auto zu besitzen und damit nebenher auch noch Geld zu verdienen. Dadurch hat mich mein fahrbarer Untersatz nicht nur Geld gekostet, sondern auch Einnahmen erwirtschaftet.

Innerhalb kürzester Zeit kam ich auf der Plattform Turo von 0 auf 40 Vermietungen und stand in meiner Region auf der Plattform im Ranking als **TOP VER-MIETER** im Bereich Business und Kundenzufriedenheit da

Meine Erfahrungen in Sachen Vermietungen

Nach 40 Vermietungen des Porsche Boxsters kann ich berichten, dass es neben Schäden auch viele kuriose und lustige Geschichten passiert gab.

· Felgen verkratzt

· Steinschläge

· Lackfarbe war auf der Motorhaube weg, niemand wollte es gewesen sein

· Es wurde im Auto geraucht, trotz Verbot

· Die Frankfurter Polizei-Einheit hat meinen Mieter angehalten und das ZDF hat eine ganze Reportage daraus gemacht. Video gerne auf Anfrage

· Ein Mieter hatte zehn Inkasso-Briefe im Auto vergessen

· Das Auto wurde dreckig zurückgegeben (kommt fast immer vor)

· Ein Reifen ging kaputt und musste ersetzt werden, Kosten wurden übernommen.

· Eine Beule in der Motorhaube, Schaden wurde teilweise erstattet.

All diese Punkte gehören zum normalen Business der Autovermietung. Wen das stört oder nervt, der sollte sein Auto besser nur an sehr gute Freunde vermieten. Übrigens kannst Du bei der E-Auto-Vermietung eine Kaution nehmen und die entstanden Schäden davon abziehen.

Tipp vom Sparfuchs:
Bezüglich der Endreinigung kann ich Dir den Tipp „Mr. Wash" geben. Für 35 Euro gibt es die Außen- und Innenreinigung in vielen Städten oder eine Jahresflatrate für 600 Euro. Die Jahresflatrate rechnet sich, selbst wenn Du Dein Auto nicht vermieten würdest.

Außerdem kannst Du damit schnell und einfach Dein Auto auf Hochglanz bringen und sparst viel Zeit und Mühen. Meine Bestzeit lag bei 13 Minuten für die Außen- und Innenreinigung des Fahrzeuges.

Welche finanziellen Möglichkeiten sind vorhanden?

Die Vermietung des Porsche Boxster 718 (Cabrio)

Hier fand ich nur die Vermietungsplattform Turo. Dort erzielte ich im ersten Jahr einen Umsatz von 9.262 Euro. Inklusive einiger unvorhergesehener Boni. Zusätzlich gab es Extrageld für zusätzliche Kilometer, Endreinigung, Schäden der Motorhaube und kaputte Reifen. Hier lag der Vermietungspreis für das Auto teilweise nur zwischen 100 Euro bis 150 Euro am Tag abzüglich von 25 Prozent Provision fürs Portal inklusive des notwendigen Versicherungsschutzes.

Die Vermietung des Tesla Model 3 Performance

In knapp 16 Wochen wurden 4.272 Euro umgesetzt, also etwas über 1.000 Euro pro Monat.

5 x ein Tag
1 x zwölf Tage
1 x vier Tage
3 x ein Wochenende

Die Flyer habe ich erst Mitte Juni wieder in den Geschäften aufgehangen, da es mir zu einem früheren Zeitpunkt wegen Corona nicht als sinnvoll erschien. Ich gehe davon aus, dass noch viel mehr Vermietungen in Zukunft dazu kommen.

Wichtig:

Dokumentiere alle Einnahmen und Ausgaben, damit Du bei der Steuererklärung nicht für ein Jahr rückwirkend den ganzen Papierkram nachholen musst. Zum Thema Steuererklärung sage ich an späterer Stelle im Buch noch etwas.

Unternehmertum und zeitlicher Aufwand

Mit diesem „fertigen Geschäftsmodell" hast Du nun die Möglichkeit Dein möglicherweise erstes „Start-Up" zu starten. Mit dieser Tätigkeit kannst Du bequem neben Deinem Hauptjob beginnen und Dich im Business versuchen. Du wirst auf diesem Gebiet viel an Wissen dazu lernen. Im besten Fall hast Du Dich schon mal mit den Wissensbereichen **Marketing** und **Vertrieb** sowie **Kundenzufriedenheit**, beschäftigt. Diese Wissensgebiete könnten Dir am Anfang bei Deiner nebenberuflichen Selbständigkeit helfen.

Übrigens wirst Du aufgrund Deines neuen E-Autos in der „Szene" viele neue Freundschaften finden, alleine dadurch, dass Du eben auch dieses Auto fährst. Da gibt es Erfahrungen auszutauschen und bisher waren es immer sehr nette Kontakte.

Der zeitliche Aufwand ist bei diesem Geschäftsmodel sehr überschaubar. Ich kann Dir versichern, dass Du es ganz entspannt mit Deinem Hauptjob vereinbaren kannst. Befolge einfach die Tipps in den folgenden Kapiteln, und Du wirst Anfragen bekommen. Beginne am besten damit, dass Du Dich auf allen Plattformen anmeldest, um Deine Sichtbarkeit zu erhöhen. Sprich Deine Freunde und Bekannte an und, teile ihnen mit, dass Du Deinen Tesla vermietest. Ab diesem Zeitpunkt kannst Du Dich entspannt zurücklehnen bis die ersten Anfragen von alleine kommen, oder Du investiert mehr Zeit in Dein Business, sodass mehr Anfragen reinkommen. Du darfst selbst entscheiden, wie viel Zeit und wie viele Akquise-Impulse Du setzen willst.

Die Übergabe, Formalitäten, Fotos vom Fahrzeugzustand und die Einweisung in das Fahrzeug bedürfen in der Regel circa 30 Minuten. Sobald Dein Mieter losgefahren ist, hast Du Feierabend und kannst Dein Auto für Dich arbeiten lassen. Bei der Fahrzeugrückgabe solltest Du nochmal circa 30 Minuten einplanen, zuzüglich der Wagenreinigung.

Demnach hast Du einen zeitlichen Aufwand von circa 90 min pro Vermietung. Wenn Dein Mieter jetzt mit Deinem Auto eine Woche in Urlaub fährt, und Du 1.000 Euro und mehr dafür bekommst, hast Du einen fabelhaften Stundenlohn

Welches Tesla-Model-3 eignet sich für die Vermietung?

- Standard Range Plus
- Long Range – Langstrecke
- Performance

Jedes Tesla Elektroauto bringt in Sachen Motorleistung und Ausstattung extrem viel mit. Mindestens starke 300 PS, elektrische Memory-Sitze, Steuerung per App, integrierter Garagentoröffner, 15 Zoll Bildschirm mit Touchscreen, Internetverbindung – und teilweise autonomes Fahren, machen dieses Auto zu einem Traumwagen.

Schon auf der Rückfahrt von der Abholstation war ich von der Motorleistung überwältigt. Als ich beim SuperCharger stand und während der Ladezeit im Internet (Ebay Kleinanzeigen) nach Winterreifen für mein Lieblingsauto gesucht habe, stach mir das Model 3 Performance Base ins Auge.

Der Preisunterschied betrug 5.000 Euro, ein vergleichsweiser kleiner Aufpreis für ein großes Upgrade. Dank etwas Glück konnte ich noch am gleichen Tag zum Performance Base Model wechseln.

Eine Information am Rande, aber nicht unwichtig: Tesla bietet eine sieben Tage „Geld-zurück-Garantie".

Man sagte mir, dass ich den Wagen einfach abgeben könne, dazu nicht einmal einen Termin vereinbaren müsse. So bin ich zum Service Center nach Frankfurt gefahren und habe das Fahrzeug dort tatsächlich ohne Termin abgeben können. Die Erstattung für das zurückgegebene Fahrzeug war übrigens, trotz Corona, nach drei Wochen wieder komplett und ohne Abzüge auf meinem Konto.

Nach wie vor bin ich von meinem Performance Base Model sehr begeistert, weil es mittlerweile optisch dem Performance Model mit roten Carbon Heck-Spoiler und roten Bremssätteln gleicht. Auch die Option, eine Anhängerkupplung einzusetzen, ist geblieben.

Im Moment denke ich, dass auf Dauer die Modelle Long Range und Performance am meisten Spaß machen. Mein favorisiertes Performance Model lag damals bei einem Anschaffungspreis von 62.000 Euro.

Auch mit dem Standard Range Plus Model wirst Du erfolgreich sein. Der Wunsch nach einer Probefahrt, lässt erfahrungsgemäß die meisten Mietanfragen entstehen. Wie auch immer Du Dich entscheidest: Mit meinem Empfehlungslink erhalten Du und ich kostenlose Ladungen im Umfang von 1.500 km am SuperCharger bei Tesla. Du kannst meinen Weiterempfehlungs-Link für den Kauf eines neuen Tesla verwenden, um Dir 1.500 km kostenloses SuperCharging zu sichern: https://ts.la/niklas60426

Elektroautos werden beim Kauf staatlich subventioniert

Die Umweltprämie

Bei vielen Menschen passt schon heute ein Elektroauto in ihr Fahrprofil. Die relativ hohen Anschaffungskosten puffert gerade der Staat mit enormen Subventionen ab. Sie können Preisabschläge bis zu 9.000 Euro ausmachen. Wer sein Elektroauto dann auch noch bis zum 31.12.2020 kauft, zahlt nur 16 Prozent (statt 19 Prozent) Mehrwertsteuer.

Bei all den Anreizen, will ich an dieser Stelle darauf hinweisen, dass es Menschen gibt, zu deren Lebensumständen ein batteriegetriebenes Auto nicht passt, zum Beispiel bei jemandem, der im Vertrieb arbeitet und weite Strecken in kurzer Zeit zurücklegen muss oder als Laternenparker, der nur schwierig nachts die Akkus laden kann. Aber auch hier wird von staatlicher Seite vieles getan, um die Anzahl an Ladestationen im öffentlichen Raum massiv zu erhöhen.

KFZ-Steuer und Umweltschutz

Es gibt eine Befreiung von der KFZ-Steuer bis zum Jahr 2030, da der Staat die aktuellen Emissionsziele erreichen möchte. Die Ersparnis beträgt je nach Modell circa 80 bis 200 Euro pro Jahr.

Strom teilweise ganz umsonst laden

Hierzulande erhöhen sich fast täglich die Stromlademöglichkeiten. Mancherorts stehen Ladesäulen gratis zur Verfügung. Discounter, Shoppingcenter und Supermärkte, vor allem auf der „grünen Wiese" sind dabei Vorreiter. Der Handel versucht mit diesem umweltfreundlichen Service, neue Kunden zu gewinnen, an sich binden und gleichzeitig nach außen ein gutes Image abzugeben.

Auf der Suche nach den einzelnen Ladesäulen hilft übrigens die App: Chargemap. Aber auch die Internetseite Wallb-e.cloud gibt gute Vorschläge zum Strom sparen.

Verkaufswege fürs aktuelle Verbrenner-Auto

Persönlich bin ich, wie schon erwähnt, ein sehr großer Sparfuchs und ich verschwende nur ungerne Geld. Als ich mein vorheriges Auto verkaufen wollte, habe ich es über stark genutzte Plattformen wie Autoscout24.de und Mobile.de probiert.

Ich versuchte auch meinen Renault Twingo und meinen 1er BMW zu vermieten, was sich als schwieriger erwies, weil diese Autos zu durchschnittlich sind, aber ich konnte viele wichtige Erfahrungswerte sammeln. Letztendlich machte ich gute Erfahrungen bei der Firma WirKaufenDeinAuto.de (WKDA). Für den Verkauf erwies sich die Filiale in Offenbach als Glückstreffer. Auch bei meinem Porsche Boxster. Die Schätzung von Mobile.de lag bei 48.000 Euro. Es gab drei Interessenten. Bei den potenziellen Käufern (ein Vertriebsmanager und ein Oberarzt) scheiterte es aber an der Finanzierung. Der Dritte im Bunde wollte den Preis drücken und nur 43.000 Euro auf den Tisch legen. Das Angebot lehnte ich ab.

Dreist war in meinen Augen, das Angebot eines Sportwagen-Centers. Schlappe 34.000 Euro wollten sie mir für meinen zwei Jahre alten Porsche geben, um ihn dann für einen deutlich höheren Preis weiter zu verkaufen. Ein nahe gelegenes Porsche Zentrum gab mir auf Anfrage überhaupt kein Angebot.

Schlussendlich hatte mir WKDA einen fairen Preis von 45.500 Euro angeboten, trotz kleinen Beschädigungen wie einer Beule auf der Motorhaube und ein paar leichten Kratzern und Steinschlägen.

WKDA hat wohl immer nur eine kleine Gewinnmarge, sodass zum Bestpreis angekauft werden kann.

Das Gegenteil widerfährt vielen direkt bei Tesla. Dort soll der Ankaufspreis für ein Auto am schlechtesten sein, weil das Auto angeblich kaum begutachtet wird.

Cash oder Kredit? Das-1000-Euro-Cashback-Geheimnis

Meine Erlebnisse beim Kredit-Autokauf haben mich fürs Leben geprägt. So stellte ich fest: Eine Barzahlung ist nicht immer von Vorteil. Grundsätzlich sind meiner Meinung nach Konsumkredite negativ zu betrachten. Ihre monatlichen Raten bereiten in den meisten Fällen Kopfschmerzen.

Man muss sich das Auto leisten können. Auch etwaige Reparaturen solltest Du mit einplanen, es kann immer mal etwas kaputt oder beschädigt werden, auch gibt es mal „Krisen", wie jetzt bei Corona, wo man viele Monate lang nicht vermieten konnte. Solche Schwierigkeiten könnten manchem geschäftlich das Genick brechen, wenn man über seine Verhältnisse lebt.

Wie kommt man nun zum Kredit? Es gibt Menschen, die gehen zu ihrer Hausbank, weil Sie schon immer dort waren, es einfach und schnell gehen soll. Dagegen ist nichts zu sagen. Doch den besten Zinssatz – natürlich abhängig von der Bonität – wirst Du im Moment bei Deiner Hausbank wohl nicht bekommen.

Wie bereits erwähnt, lohnt es sich die Zins-Situation genau zu prüfen, abzuwägen und sich dann zu entscheiden.

Hier ein passendes Beispiel zum Thema Kredit

1. Du gehst zu Deiner Hausbank und willst einen Kredit, den Du auch leicht bekommst.

   Zinssatz egal, Hauptsache Autokredit.

   oder

2. Du gehst auf die Tesla Seite, Du wählst dort bequem die Santander Bank aus und musst dann hinterher Deinen KFZ-Brief bei der Bank abgeben.

   oder

3. Du schaust bei Check24.de bei bonitätsunabhängigen Zinsen für einen Neuwagen und vergleichst die Zinsen.

   oder

4. Du gehst auf die Cash-Back-Seite meines Vertrauens: shoop.de und weiter auf die Smava-Kooperation und füllst die Kreditanfrage aus, und erhältst am Ende (ein bis sechs Monate später) 1.000 Euro Cashback bei einem Kredit über 45.000 Euro. Viel Geld, was ansonsten Deine Hausbank oder Check24.de einstreichen würden.

In meinem Beispiel hatte die ING DIBA mit 2,79 % den besten Zinssatz beim Autokredit und der KFZ-Brief bleibt bei mir in der Schublade.

Tipp vom Sparfuchs:
Auf Shoop.de findest Du unter anderem auch Aktionen von MediaMarkt, Saturn, Eterna Hemden, Lieferando (teilweise manchmal sogar bis zu 40% aufs Essen), Blumen und HolidayCheck. Auch hier kann man einiges an Geld einsparen.

Welche Unterhaltskosten kommen noch dazu?

Die nachfolgenden Themen werden hier kurz besprochen:

· KFZ-Steuer
· Stromkosten
· Verschleiß und Wartung

KFZ-Steuer

Wie bereits erwähnt, fällt keine KFZ-Steuer bis 2030 an.

Stromkosten

Was kostet denn nun der Strom?
Aktuell kostet ein Kilowatt/Stunde Strom = 0,35 Euro
(Hausstrom sowie am SuperCharger)
Das Tesla Model 3 Performance benötigt etwa 75 kWh Strom für 100 Prozent
Demnach kostet eine volle Ladung für eine Reichweite von bis zu 500 km 26,25
Euro.

Verschleiß und Wartung

Die Wartungskosten sind recht niedrig. Der klassische Öl-Wechsel entfällt schon
mal ganz. Die meisten Tesla-Fahrer benutzen kaum die Bremse, weil das Auto fast
von alleine bremst. Viele empfehlen trotzdem die Nutzung der Bremsen, damit die
Funktion weiter gesichert ist.

Welche Kosten sparst Du nun?

Um das für Dich auszurechnen, kannst Du ganz einfach die Kosten der letzten drei
Jahre Deines bisherigen Autos addieren und dann durch drei, teilen, um herauszu-
finden, wie hoch die jährliche Ersparnis in Zukunft sein wird.

Welche Versicherung ist empfehlenswert?

Über Check24.de findest Du sicherlich viele Anbieter am Markt. Meine Empfehlung ist Emover24.de (Itzehoer Versicherung). Da ich als Sparfuchs natürlich immer günstig über meine Familienangehörigen versichert war, und deswegen zuvor noch keine KFZ-Versicherung auf meinen Namen abgeschlossen hatte, wäre die Versicherung astronomisch teuer geworden, insbesondere, wenn ich noch erwähnt hätte, dass ich mein Auto nebenher vermieten wolle. Bei der Versicherung gibt es einen Tarif nur für Elektroautos. Aktuell zahle ich 1.050 Euro für die Vollkasko Premiumversicherung mit jeweils 500 Euro Selbstbeteiligung in der Teil- und Vollkasko.

Hier darf jeder Dein Auto fahren. Ferner ist die Vermietung Deines Autos erlaubt. Bei anderen Versicherungen ist diese Option mit wechselnden Fahrern eher problematisch.

WICHTIG:

Mache bei keiner Versicherung falsche Angaben. Sage klar, dass Du das Auto „gewerblich" vermietest. Andernfalls könnte es zu großen Problemen führen. Insbesondere, wenn Dein Mieter von der Polizei gestoppt wird und der Hinweis auf Selbstfahrer und Mietfahrzeug in den Papieren nicht vorhanden ist.

Das ist Versicherungsbetrug mit der Folge des Verlustes des Versicherungsschutzes und einer Strafanzeige.

WIE DU RICHTIG VORGEHST

Grundsätzlich benötigst Du erstmal eine Versicherung, die dem Thema Vermietung offen gegenübersteht. Bislang habe ich nur die besagte Versicherung dazu gefunden. Es ist sehr kompliziert in Deutschland.

Ebenfalls ist es wichtig, dass die Plattform, auf der Du Dein Auto vermietest, eine Zusatzversicherung anbietet, ansonsten geht es nicht.

Dafür fallen in der Regel 17,50 Euro pro Vermietungstag an. Damit hast Du nach meiner Erfahrung den nötigen Versicherungsschutz und die rechtlichen Voraussetzungen geschaffen.

Sich professionell auf Plattformen präsentieren

Folgende Plattformen gibt es:

- Miet-Tesla.de (Zusatzversicherung in Arbeit)
- Future.Rent (Zusatzversicherung)
- SnappCar (Zusatzversicherung)
- Turo (inaktiv)
- Ebay Kleinanzeigen – Anzeigen schalten
- Sonntagszeitung
- Instagram / Facebook Werbung

Diese Plattformen nutze ich permanent, um auf meinen Tesla aufmerksam zu machen. Eine Plattform alleine reicht leider nicht. Probiere sie einfach alle mal aus, da Dich über jeden Kanal eine Anfrage erreichen kann.

Schau Dir auf der jeweiligen Plattform auch immer Deine Mitwerber an und versuche einen günstigeren Preis anzubieten, um erstmal Anfragen zu bekommen.

Tipp vom Sparfuchs:

Gib den Mietern nicht zu viele Frei-Kilometer, damit Dein Auto nicht so viel an Wert verliert. Deine Mieter können jedoch gerne Extra-Kilometer gegen zusätzliche Bezahlung buchen.

Zeitung und Facebook/Instagram Werbung würde ich ganz zum Schluss probieren, da dort die Werbung, im Gegensatz zu den anderen Plattformen, Geld kostet.

Zu den Kosten solltest Du noch wissen, dass die meisten Plattformen zehn Prozent für die Vermietung und eine Gebühr pro Tag für den Versicherungsschutz nehmen.

Erfahrungen mit Vermietungsplattformen:

Die Inhaber der beiden Plattformen (Future.Rent und Miet-Tesla) kann ich empfehlen. Beide Inhaber betreiben ihre jeweilige Vermietungsplattform mit viel Engagement, sind freundlich und serviceorientiert.

Zu SnappCar kann ich leider nur sagen, dass ich den Kundensupport mehrfach nicht erreichen konnte.

Turo ist leider mittlerweile auf dem deutschen Markt inaktiv. Das ist schade, weil hierüber immer viele Anfragen kamen, insbesondere auch von Urlaubern aus den USA. Turo ist dort ein Riesenunternehmen.

Tipp:

Wenn Du selbst erfolgreicher vermieten möchtest, hinterlasse zu den Plattformen eine 5-Sterne-Bewertung auf Google.com (natürlich nur, wenn Du zufrieden bist). Diese Plattformen werden dadurch schneller und häufiger in den Suchmaschinen gefunden. Dies könnte Dir auch mehr Vermietungsanfragen bringen wodurch Du mehr Einnahmen erzielen könntest.

Fotos müssen schon auf dem ersten Blick attraktiv sein

Visuelle Reize haben einen starken Einfluss. Nicht ohne Grund heißt es, „Kleider machen Leute". Was auf Menschen zutrifft, gilt auch für die Fotos bei der Autovermietung. Um konkurrenzfähige Angebote zu etablieren, darfst Du nicht an professionellen Bildern sparen. Fotografenhonorare bis zu 200 Euro pro Tag sind üblich.

Tipp vom Sparfuchs:

Auf Instagram gibt es beispielsweise viele Fotografen, die für kleines Geld professionelle und stimmungsvolle Fotos von Deinem Auto machen können.

Selbstverständlich musst Du vor dem Shooting Dein Auto innen und außen auf Hochglanz polieren. Beste Voraussetzungen sich von der Konkurrenz abzuheben.

Achte auf die Qualität des Fotografen. Teuer muss nicht immer gut sein und günstig wiederum muss im Ergebnis nicht immer schlecht sein. Auch sind Drohnenvideoaufnahmen oftmals günstiger als man denkt. Die Kosten lagen bei mir zwischen 200 bis 250 Euro.

Ein paar Beispiele führe ich hier auf:

Schau gerne mal auf meiner Instagram Seite vorbei:
TESLA_AUTOVERMIETUNG

Hier sind viele tolle Shootings zu sehen sein, unter anderem mit Helikopter, Drohnen-Shootings und ein Racing-Duell „Tesla vs Mercedes".

Neukundengewinnung

Es gibt Tage, da wirst Du trotz aller Anstrengungen und Bemühungen keine Vermietung erreichen. Das ist okay. Anstatt Trübsal zu blasen, erstellst Du Dir ganz leicht einen Verkaufsflyer. Dafür suchst Du das schönste Foto Deines Autos aus. Das sogenannte Aufmacherfoto fügst Du in eine Word Seite ein und rundest das Ganze mit ausformulierten, werbewirksamen Textpassagen ab. Anregungen findest Du in dem Beispiel in diesem Kapitel.

Deinen persönlichen Flyer verteilst und versendest Du an Bekannte und Freunde, mit der Bitte, den Flyer auch an ihrem Bekannten- und Freundeskreis weiterzugeben. Selbstverständlich besteht auch die Möglichkeit durch die Stadt zu fahren und gezielt bei Geschäften zu fragen, ob man den Flyer dort auslegen darf.

Bisher klappte es bei mir gut in diesen stark frequentierten Geschäften

· Dönerbude
· Eisdiele
· Friseur
· Restaurant
· Kiosk und Paket Filialen (Hermes Shop, DHL, DPD)

Überrascht war ich dabei immer wieder, dass viele Menschen schon beim Aufhängen bzw. Auslegen des Flyers großes Interesse zeigten. Viel Begeisterung für das wundervolle E-Auto weckte ich bei den Inhabern.

WICHTIG:

Wenn die Inhaber von dem Auto begeistert sind, ist die Wahrscheinlichkeit hoch, dass der Flyer lange hängen bleibt. Und nebenbei konnte ich feststellen, dass viele Geschäftsleute danach sogar für mich Werbung machten. Deshalb wäre es gut dem Inhaber den Wagen auch einmal zu einem günstigeren Preis anzubieten, wenn er für Dich Werbung macht.

Erwarte nicht, dass die Angestellten Dir beim Aufhängen des Flyers helfen werden. Dafür sind sie nicht da und das ist ja auch ganz allein Deine Sache. Du möchtest den Flyer schließlich so gut wie möglich positionieren.

Tipp: Immer, Klebestreifen und Schere mitnehmen.

TRAUMWAGEN ZU MIETEN

Tesla Model 3 Performance => 499 PS

INSTAGRAM: => Tesla_Autovermietung

(Foto von Deinem Auto)

<u>Ab 21 Jahren / 24 h inkl. Versicherung</u>

Standort: Offenbach am Main

(Telefonnummer) Niklas Elser

<u>Beschreibung:</u>

WIE COOL WÄRE ES, EINEN DER NEUESTEN TESLAS ZU FAHREN?

IN 3,4 SEKUNDEN VON 0 AUF 100 KM/H | REICHWEITE 530 KM

VOLL ELEKTRISCH MIT 2 MOTOREN

PANORAMA GLASDACH, NETFLIX & SPOTIFY ON BOARD

TESLA Tour Angebot:

30 Minuten als Beifahrer im Model 3 durch die Stadt oder über die Autobahn für 49 € – inkl. Selfies für Instagram & Facebook

Meinen aktuellen und in meinen Augen - werbewirksameren - Flyer habe ich Dir als weiteres Beispiel beigefügt. Falls Du Hilfe dabei brauchst, kann ich Dich gerne an meinen Designer vermitteln. Flyer und Logo haben mich unterm Strich rund 99 Euro gekostet.

Ich habe dafür ein ansprechenderes Logo bekommen und einen neuen Flyer. Grundsätzlich kannst Du natürlich auch die Word-Vorlage übernehmen.

DAS AUTO DER ZUKUNFT JETZT MIETEN

Tesla Model 3 Performance => 499 PS
INSTAGRAM: => Tesla_Vermietung_Frankfurt

Ab 23 Jahren / 24 h inkl. Versicherung
Standort: Offenbach am Main
0176/22087547 Niklas Elser

BESCHREIBUNG:

- WIE COOL WÄRE ES, EINEN DER NEUSTEN TESLA´S ZU FAHREN?
- IN 3,4 SEKUNDEN VON 0 AUF 100 KM/H
- NATÜRLICH VOLL ELEKTRISCH MIT 2 MOTOREN.
- PANORAMA GLASDACH, NETFLIX & SPOTIFY ON BOARD
- REICHWEITE 530 KM

Zeitraum = Preis pro Tag

1 Tag	=	240 €
2 - 3 Tage	=	220 €
4 - 7 Tage	=	189 €
> 7 Tage	=	169 €
Kaution	=	1000 €

TESLA TOUR ANGEBOT:
30 Minuten als Beifahrer im Model 3
durch die Stadt oder über die Autobahn
für 49 € - inkl. Selfies für Instagram
& Facebook

Neukundengewinnung - Geld in die Hand nehmen

Hast Du schon mal von dem Social-Media-Marketing-Begriff „Retargeting" gehört. Hierbei verfolgen Dich sogenannte Pixel mit deren Werbebotschaft, wenn Du beispielsweise auf einer Shopping-Seite gelandet bist.

Man kann sagen, dass es generell bis zu sieben Kontaktaufnahmen zum Kunden bedarf, um eine vertrauensvolle Basis, aufzubauen. Nachfolgend kannst Du bei mir von weiteren Marketing-Strategien profitieren und nachlesen, wie sie verlaufen sind.

Zeitungswerbung:

Fangen wir mit Print-Werbung an. Das Wichtigste vorab: Zeitungsanzeigen im Wochenblatt gibt es nicht für lau. Meine persönliche Meinung dazu war anfangs zwiespältig. Ich dachte, das wird keiner beachten. Jedoch nach sieben Wochen haben sich fünf Interessenten gemeldet. Eine Firma mit Photovoltaikanlagen und viele Privatpersonen.
Die meisten von uns haben ja kein Gewerbe, aus dem Grund könnten wir es online mit der Anzeigenaufgabe im privaten Bereich versuchen. Die Kosten mit Bild und ein bis zwei Zeilen liegen im Schnitt bei 30 bis 50 Euro pro Woche. Im Raum Main-Taunus-Kreis erfolgen knapp 900.000 Zustellungen des Wochenblatts in Haushalten und Geschäften.

Als ich übrigens einen Monat darauf im Wochenblatt erneut eine Anzeige schalten wollte, wurde mir telefonisch mitgeteilt, dass meine Anzeige ab sofort nur noch unter der gewerblichen Rubrik erscheinen kann. Hier betragen die Kosten satte 75 Euro pro Woche.

Im Rahmen einer neuen Anzeigenaufgabe wurde mir von der Zeitung als Deal angeboten, dass ich mein Auto für ein Gewinnspiel (zwei Tage gratis) zur Verfügung stellen könnte.

Im Gegenzug gäbe es eine Art redaktionellen Aufmacher (Advertising) in der Zeitung. Mein Auto und die Vermietung würden umfangreich in der Zeitung vorgestellt. Diesen Weg der Werbung würde ich Dir an Deinem Wohnort ebenfalls empfehlen.
Den Textauszug füge ich Dir auf der nächsten Seite bei. Hierzu kann ich sagen, dass sich über 210 Gewinnspiel-Teilnehmer gemeldet haben, allerdings bisher keiner, der kostenpflichtig mieten wollte. Zumindest bis jetzt noch nicht. Bei manchen Menschen dauert es schon einmal etwas länger bis sie sich entscheiden.

Sonntagszeitung-Gewinnspiel

„Region Rhein-Main – Ein echtes Traumauto hat keinen brüllenden Motor mehr. Es surrt leise und bringt dennoch mehr Kraft auf die Straße als so mancher Supersportwagen. Die Rede ist von einem Tesla Performance, der in Sachen Elektroauto so ziemlich das beste und flotteste ist, was der Markt zu bieten hat. Mit dem Rhein-Main EXTRA TIPP und der Autovermietung Niklas Elser haben die Leser nun die einmalige Chance, ein ganzes Wochenende oder wahlweise zwei Tage unter der Woche mit dem E-Geschoss durch Rhein-Main und Umgebung zu düsen. Niklas Elser jedenfalls ist vom Fahrspaß seines hypermodernen Flitzers mehr als begeistert. „Das Auto bietet wirklich alles, es fährt sogar selbst, wenn man das möchte", sagt der Besitzer. Das ist wie ein Tag Urlaub auf der Autobahn."

Auszug aus dem Text des **EXTRA-TIPP** Geburtstags-Werbung:

Auf Social-Media-Plattformen ist es so, dass Dir der Geburtstag Deines Kontaktes angezeigt wird. Wenn Dir nun einer Deiner Kontakte zu Deinem Geburtstag gratuliert, könntest Du ihm als Zeichen Deiner Dankbarkeit freundlich antworten und ihm einen Preisnachlass für einen Vermietungstag auf Dein Auto anbieten. Umgekehrt funktioniert das natürlich ebenso gut. Du schickst jemanden aus Deiner Kontaktliste zum Geburtstag ein paar nette Zeilen und schenkst ihm einen 50-Euro-Gutschein auf eine Fahrt mit Deinem Auto, wenn er mal in Deiner Stadt ist.

E-Mail-Werbung:

Eine weitere Möglichkeit besteht darin, dass Du aus den Branchenverzeichnissen Firmen heraussuchst und direkt anrufst, und Dich und Dein Auto vorstellst. Kaltakquise ist nicht jedermanns Sache. Aber auch das lässt sich erlernen.
Mir selbst hat es viel gebracht, diverse Verkaufsseminare und Verkaufstrainings zu besuchen. Bei der Vermietung hat mir dieses Wissen aus den Seminaren sehr geholfen, auch wenn ich in meinem eigentlichen Beruf nichts mit Verkaufen zu tun habe.
Wer sich einen Einblick zum Thema Verkauf verschaffen möchte, kann auf YouTube Hunderte Gratis Videos dazu ansehen.
Eine weitere Option wäre es, sich einen schönen Text zu überlegen und die Firmen in der Umgebung per E-Mail mit beigefügter Flyer-Datei anzuschreiben. Natürlich findest Du auf den nächsten Seiten ein Beispiel.

Unbedingt bei E-Mail-Werbung die Gesetze beachten:

Einfach die E-Mail-Adresse von einer Firma aus dem Internet rauskopieren und eine Werbe-E-Mail zu versenden, ist in Deutschland ohne das Einverständnis des Empfängers nicht erlaubt. Unlautere Werbung nennt man das.
Im schlimmsten Fall könnte sich jemand bei Dir beschweren oder Dich abmahnen. Mir unterlief dieser Fehler aus Unwissenheit, jedoch gab es hierzu keine Rückmeldung mehr. Glück gehabt und wieder etwas gelernt. Also immer korrekt vorgehen.

Telefon-Werbung:

Anstatt E-Mails zu versenden, könntest Du den etwas „aufwendigeren" Weg bestreiten. Du rufst persönlich die entsprechende Firma an, und stellst Dich und Dein Auto vor. Und dann schickst Du die Mail im Anschluss an das Gespräch. Diese Vorgehensweise ist etwas Anspruchsvoller. Deine Erfolgschancen liegen jedoch höher, zum einen, weil die wenigsten Deiner Mitbewerber diese Methode praktizieren zum anderen, weil diese Idee noch neu ist. Einen kurzen Einstiegs-Telefonleitfaden füge ich Dir bei. Du musst natürlich bei allen meinen Entwürfen, Tipps und Vorschlägen Deine eigenen Worte finden und wählen, damit Du authentisch bist.

Mein Telefonleitfaden für die Telefon-Akquise lautet:

Schönen Guten Tag,
mein Name ist .... , ich komme aus ... und möchte Ihnen meinen Tesla Performance mit 500 Elektro-PS vorbei bringen.
Ich vermiete meinen Tesla im Nebengewerbe. Wer bei Ihnen im Hause ist denn zuständig für die Firmenevents.

Mein Textvorschlag für die E-Mail-Akquise darauf aufbauend ist:

Sehr geehrte Damen und Herren,
in aller Munde ist das Thema Elektro Mobilität und Umweltprämie – bis zu 9.000 Euro. Auch gibt es für Firmen beim Leasen einen Steuervorteil, denn die 1-Prozent Regelung wurde um 75 Prozent auf 0,25 Prozent reduziert. Gerne möchte ich Ihnen mein Tesla Model 3 in der Performance Variante zur Miete anbieten.

Mein Name ist Niklas Elser, 32 Jahre, Notarfachwirt und das Thema Tesla Vermietung ist mein Hobby. Besonders am Herzen liegt mir die Kundenzufriedenheit. Bislang wickelte ich über 53 Vermietungen ab, mit 100 Prozent Kundenzufriedenheit. Persönlich bin ich kein Tesla Verkäufer. Doch mit großer Begeisterung habe ich mir ein Elektroauto vom Marktführer zugelegt. Mein Ansinnen ist: jedem die Chance geben, ein solches Autos zu testen. Im Preisvergleich schneide ich bis zu 50 Euro pro Tag günstiger ab als viele Mitbewerber.

Highlights auf einen Blick:

· 500 Pferdestärke (Zwei Motoren – vorne und hinten)
· In Zahlen: Von 0 auf 50 in 1,66 Sekunden (Ein Wimpernschlag)
· In Zahlen: Von 0 auf 100 in 3,4 Sekunden
· Reichweite 500 km
· Autopilot, das Auto fährt selbst und besitzt 6 Kameras
· 5/5 Sternen in Sachen Sicherheit
· Panorama Glasdach – verdunkelt
· Riesiger Bildschirm 15 Zoll
· Netflix, Spotify, Spielekonsole
· Optische Sportliche Details (Rally-Streifen)
· Überall in Deutschland am Tesla SuperCharger laden, teilweise an vielen Ladesäulen in Offenbach umsonst, zum Beispiel OVB, EVO Strom, Aldi Supermarkt

Einsatzmöglichkeiten:

· Ausfahrt am Wochenende
· Firmenevents
· Guten Kunden oder Mitarbeitern eine Freude machen (Motivation)
· Urlaubsreisen
· Testfahrt bei Interesse ein Elektroauto zu kaufen

Falls das Thema für Sie aktuell nicht interessant sein sollte, dürfen Sie jederzeit gerne meine Daten an einen Geschäftspartner / Freund / Vereinskollegen weiterleiten.
Mit den besten Grüßen

Niklas Elser

INSTAGRAM: TESLA_AUTOVERMIETUNG

Google Bewertung 100 % Kundenzufriedenheit
https://goo.gl/maps/ioZdMxgJBm9aNko97

Preisliste: https://www.future.rent/detail/2K5hQYZOTeITyWI5QTfr

Crash-Test Model 3 – Eins der sichersten Autos der Welt
https://www.youtube.com/watch?v=il2jmMRgFV8&feature=youtu.be

1.500 km kostenloses SuperCharging beim Kauf eines Tesla
https://ts.la/niklas60426

Kundenzufriedenheit ist das A und O

Meine Bachelor Thesis habe ich über das Thema "Kundenzufriedenheit" geschrieben. Von den damaligen Erkenntnissen profitiere ich bis heute, auch bei der Vermietung.

In diesem Kontext beeindruckt mich nach wie vor ein Zitat von Hans Heinrich Path (Kloster Eismar). Es stammt aus dem 12. Jahrhundert und hat bis heute nicht an Aktualität und Wahrheit eingebüßt.

„Ein Kunde ist die jeweils wichtigste Person in dem Betrieb. Er ist nicht von uns abhängig, sondern wir von ihm. Er bedeutet keine Unterbrechung in unserer Arbeit, sondern ist ihr Inhalt. Er ist kein Außenseiter unseres Geschäfts, er ist ein Teil von ihm. Er ist niemand, mit dem man sich streitet. Denn niemand wird jemals einen Streit mit einem Kunden gewinnen. Ein Kunde ist eine Person, die uns ihre Wünsche mitteilt. Unsere Aufgabe ist es, diese zu seiner Zufriedenheit auszuführen."

Bereite daher dem Automieter ein unvergessliches Erlebnis

· Übergebe ihm stets ein komplett sauberes Auto, innen wie außen
· Sei immer pünktlich
· Mache Small Talk
· Weise ihn in Ruhe in das Auto ein (erhöht die Sicherheit)
· Nicht vergessen: Gadgets vorstellen und zeigen
· Ein Willkommensgeschenk wie auf dem Hotelbett (z. B. eine Tüte Haribo)
· Mache Fotos von dem Mieter mit dem Traumauto
· Möglichst keine Anfragen kurzfristig stornieren

Eine saubere Serie von über 40 Vermietungen mit fünf von 5 Sternen auf der „Turo-Plattform" macht mich schon ein bisschen stolz. Auch die Tatsache, dass ich jedes Quartal zum „All-Star-Vermieter" ausgezeichnet wurde.

Nebenbei bemerkt: ich hatte damals auch versucht neben dem Porsche einen Twingo zu vermieten, weil manche Leute nur ein kleines Auto brauchen, um von A nach B zu kommen. Auch ein 1er BMW war dabei. Jedoch waren Kleinwagen sehr schwer zu vermieten.

Merke: Konzentriere Dich auf umwerfend schöne, innovative und schnelle Autos.

Die erste Vermietung steht an

Endlich geht es los! Du hast die ersten Anfragen erhalten und beantwortet, der Mieter will buchen. Was nun?

Schau Dir hierzu nochmal die Punkte zum Thema Kundenzufriedenheit an und beachte sie. Natürlich kannst Du auf der Liste noch für Dich wichtige Punkte ergänzen. Lass Dir nach jeder Anfrage immer eine Kopie des Personalausweises sowie des Führerscheins schicken. **Überprüfe beides nochmal vor Ort.** Natürlich wirst Du nicht mit absoluter Sicherheit sagen können, ob die Papiere echt sind, aber zumindest hast Du dann nicht grob fahrlässig und leichtgläubig gehandelt. So kannst Du auch noch ausschließen, dass Dein Mieter ohne Führerschein fährt.

Den Mietvertrag verschickst Du immer im Vorfeld zur Prüfung, und damit der Inhalt bekannt ist, und Ihr diesen beide vor Ort unterzeichnen könnt. Vermerke hier auch nochmal die Start-Kilometer, damit Du am Ende siehst, wie viele Kilometer wirklich vom Mieter gefahren wurden.

Sage dem Mieter am besten vorab, welche Schäden bereits vorhanden sind. Bei mir sind zum Beispiel derzeit drei von vier Felgen verkratzt. Wichtig ist, dass Du spätestens bei der Übergabe oder kurz vorher aus allen Perspektiven Fotos von dem Auto und dem Innenraum machst, 20-40 Fotos entstehen so leicht. Glaub mir, so viele Fotos sind nicht übertrieben. In dem Fall gilt, viel hilft viel.

Lerne aus meinen Fehlern

Ich habe früher abends Fotos in der Tiefgarage bei der Rückgabe gemacht. Oftmals gab es danach Schwierigkeiten bei der Zurechnung kleinerer Schäden, weil die Bildqualität zu wünschen übrigließ.

Deswegen habe keine Scheu, in kleinen Schritten um das Auto zu laufen und dabei so viele Belegfotos wie nötig zu machen. Je besser der Zustand des Autos dokumentiert wird, desto weniger Spielraum gibt es später für unangenehme Diskussionen mit dem Mieter, dass dürfte auch im Sinne des Mieters sein, um vorhergegangene Schäden für ihn auszuschließen.

Anfangs habe ich den Mietern oft zu viel Vertrauen entgegengebracht, erspare Dir diese negative Erfahrung und damit viele Diskussionen, in dem Du wirklich alles genau dokumentierst. Insbesondere den Bereich Motorhaube (Steinschläge).

Auch bei größeren Versicherungsschäden kannst Du so der Versicherung leichter nachweisen, dass der Schaden nicht schon vorher vorhanden war. Bei der Rücknahme des Autos machst Du nochmal dieselbe Anzahl an Fotos aus denselben Perspektiven wie bei der Übergabe. Dann bist Du auf der sicheren Seite. Stell Dir vor, Du hast ein teures Auto und die Versicherung will die Kosten nicht bezahlen, weil ein Detail-Foto fehlt.

Tipp: Immer alles gut abspeichern, sichern und in entsprechende Ordner packen, dann hast Du schnell Zugriff darauf, wenn Du etwas davon benötigst. Am leichtesten geht es, wenn Du die Fotos direkt an Deinen Mieter per Whatsapp versendet. Diese aufwendige Vorgehensweise hat mich schon vor viel Stress bewahrt. Der Porsche wurde des Öfteren im Anschluss einer Vermietung kurz darauf wieder vermietet und von dem neuen Mieter mitgenommen. Erst vier Wochen später entdeckte ich einen Schaden auf der Motorhaube. Natürlich hatte der Mieter nichts gesagt oder es möglicherweise selbst nicht bemerkt. Die Plattform „Turo" zog später 350 Euro von seinem Konto ein. So war der Schaden wenigstens teilweise abgedeckt.

Faire und transparente Verkaufsstrategien

Sicher bist Du schon mal bei McDonald´s gefragt worden, ob Du ein Small oder Big Menü haben möchtest. Oder erinnere Dich an den letzten Besuch beim Bäcker: „Darf es außerdem noch etwas sein?"

In meinen Augen eine sehr einfache und erfolgreiche Verkaufstechnik, um den Umsatz zu erhöhen. Wenn Dein Mieter bei Dir schon gebucht hat oder Dir eine Anfrage geschickt hat, kontaktiere ihn unmittelbar und schlage ihm vor, über WhatsApp zu kommunizieren.

Das macht es für beide leichter und schafft eine persönlichere Atmosphäre.

Frage den potentiellen Mieter, welche Wünsche er mit dem Auto verbindet.

Vielleicht kannst Du ihm im Anschluss anbieten, anstatt für 199 Euro pro Tag einen weiteren Tag mit 50 Prozent Rabatt dazu zu nehmen. Gleichzeitig bleiben die Kilometer gleich oder erhöhen sich ebenfalls um die Hälfte.

WICHTIG:

Du kannst außerdem bereits im Vorfeld eine Pauschale aushandeln, damit Dein Mieter mehr Kilometer fahren darf.
Wenn Du den Mietvertrag vorab versendest, teile Deinem Kunden per E-Mail oder WhatsApp mit, welche Kosten am Ende noch auf ihn zukommen könnten.

· Endreinigung
· PKW-Stellplatz
· Stromkosten
· Weiterer Fahrer
· Aufpreis für jüngere Fahrer

Hierzu empfiehlt sich die Funktion der E-Mail-Signatur besonders gut, so brauchst Du nicht den immer gleichen Text erneut zu schreiben oder aus alten Emails kopieren.

Mein Textvorschlag hierzu wäre:

Sehr geehrte(r) XXX,
unter Bezugnahme auf den freundlichen Kontaktaustausch übersende ich Ihnen den Mietvertrag zur Kenntnisnahme und Prüfung.
Bitte überweisen Sie XXX Euro für die Miete per PayPal an XXX.
Die Kaution in Höhe von 500 Euro senden Sie mir bitte vor Ort ebenfalls an meine PayPal-Adresse.
Ich wäre Ihnen dankbar, wenn Sie der guten Ordnung halber zum Termin am XXX um XXX Uhr Ihren Personalausweis und Ihren Führerschein mitbringen. Ein Parkplatz ist hier vorhanden, sofern Sie keinen SUV fahren.

Mögliche weitere Folgekosten sind:

· Endreinigung 35 Euro Außen und Innen (Fällt aktuell immer an wegen Corona)
· Kein lästiges Stromnachladen: 25 Euro
· Egal wie viel Restbatterie, mindestens 5 Prozent = 30 Kilometer
· PKW-Parkplatz für die Mietzeit: 10 Euro

· Stromkosten beim Tesla SuperCharger
· Weiterer Fahrer: 50 Euro
· Jungfahrer unter 25 Jahre: 50 Euro
· Mehr Kilometer betragen: 0,8 Euro pro Kilometer.

Sollten mehrere Punkte auf Sie interessant sein, können wir gerne einen Festpreis ausmachen.

Falls noch Fragen offen sind, melden Sie sich gerne.

Bleiben Sie gesund!

Mit den besten Grüßen

Niklas Elser

P.S. Du kannst meinen Weiterempfehlungs-Link für den Kauf eines neuen Tesla verwenden, um Dir 1.500 km kostenloses SuperCharging zu sichern: https://ts.la/niklas60426

Als ich noch meinen Porsche Boxster 718 über „Turo" vermietet habe, gab es trotz Schönwetter-Tage auch Tage, an denen der Wagen nicht vermietet wurde. Darüber habe ich mir keine grauen Haare wachsen lassen.

Anfragen ergeben sich oft über alle möglichen Kanäle. Viele wollen einfach noch einmal überlegen, anderen ist der Mietpreis zu teuer. Hier hat sich meine Ausdauer schon oft ausgezahlt. Bei einer Person wusste ich beispielsweise, dass sie wirklich interessiert war, mein Cabrio zu mieten. Am Ende zahlte sich mein langer Atem aus, nach sieben [!] Anfragen hat sich besagte Person dann doch entschieden, den Porsche zu mieten. Apropos, während ich gerade diese Geschichte aufschreibe, denke ich mir direkt, warum schreibst Du diese Person nicht erneut an und bietest ihr auch den Tesla an. Und tatsächlich, die Antwort kam schnell und ich wurde direkt nach den Preisen gefragt. Ich bin gespannt, wie es weiter geht ...

Optisches Tuning – Ideen und Kosten

Schau auf Instagram, hier bekommst Du beim Suchbegriff „Tesla Model 3" viele schöne Ideen, wie Du Deinen Tesla optisch aufwerten kannst.

Meine Highlights sind:

· Verdunkelte Scheiben
  Vorteil: Sichtschutz, mehr Privatsphäre,
  z. B. Kinder werden hinten nicht so stark von der Sonne geblendet.
  Kosten: 180 Euro

· Bremssättel in Rot,
  Vorteil: Optisch sportlichere Erscheinung
  Kosten: 450 Euro

· Carbon Heckspoiler,
  Vorteil: Optisch sportlichere Erscheinung
  Kosten: 250 Euro, bei Ebay Kleinanzeigen mit Montage

· Rally-Streifen, vorne und T E S L A Schriftzug auf dem Kofferraum Heck
  Vorteile: Alleinstellungsmerkmal –
  optische Unterscheidung von anderen Autos
  Kosten: 70 Euro

· Carbon Folie auf der Mittelkonsole
  Kosten: 70 Euro

· Sonnenschutz Blende Windschutzscheibe (Folie)
  Kosten: 70 Euro

Erkundige Dich am besten vor Ort bei einer Folien-Werkstatt nach den Preisen. Optional kannst Du auch in den Facebook Gruppen Model 3 oder in Deiner Stadt nach „privaten Bastlern" fragen. Vielleicht gibt es dort noch günstigere Preise.

Einnahmen bei der Steuererklärung angeben

Beim Start Deines Projekts „Auto-Vermietung", kannst Du unnötige Fehler vermeiden. Aus diesem Grund ist es wichtig, dass Du vom ersten Tag an sorgfältig alle Belege für das Finanzamt aufbewahrst.

Notiere Dir bitte auch immer Deine Umsätze und sämtliche Kosten, die entstehen. Diese Arbeit zahlt sich später aus, weil Du Dir so viel Zeit und Stress sparst.

WICHTIG:

Zu Beginn meiner Auto-Vermietungs-Karriere habe ich bei meinem Finanzamt nachgefragt, ob ich dafür ein Gewerbe anmelden muss. Die Antwort lautete, dass es auch erstmal so gehe und das Finanzamt es mir mitteilen würde, wann ich ein Gewerbe anmelden müsse.

Bitte prüfe das in Deinem Fall nochmal selbst und scheue nicht den Weg zum Finanzamt.

In einem weiteren Gespräch mit einem Steuerberater wurde mir erklärt, dass die Vermietung von beweglichen Gegenständen nicht zwingend unter gewerbliche Handlung fällt, weil man bei der Vermietung einer Immobilie ebenfalls kein Gewerbe anmelden muss. Das empfand ich damals als sehr positiv, denn es kann ja auch sein, dass sich keine Mieter melden oder sich das Projekt nach kurzer Zeit erledigt hat.

Mehr zu dem Thema findest Du im Internet: Carsharing, Kosten, steuerlich absetzbar, Abschreibung Auto und so weiter.

Nehmen wir bei Abschreibungen als Beispiel den Tesla im Wert von 50.000 Euro. Ein neues Auto kann man auf fünf Jahre abschreiben (50.000 Euro: fünf Jahre = 10.000 Euro). Demnach sind das 10.000 Euro Abschreibung, zzgl. weiterer Ausgaben für Versicherung, KFZ-Stellplatz, Waschstraße und so weiter.

An dieser Stelle möchte ich jedoch wieder auf einen Steuerberater verweisen. Steuerhinterziehung ist kein Kavaliersdelikt und zahlt sich nicht aus.

Eine steuerliche Beratung kann ich zu diesem Thema nicht abgeben, dafür gibt es Profis. Am besten konsultierst Du in diesem Zusammenhang einen Steuerberater.

Bei rechtlichen Fragen immer Profis konsultieren

Du kannst natürlich immer mal in den Facebook Gruppen zu Tesla um Rat fragen. Beachte jedoch, dass Du im Zweifel dort keine rechtlich verbindlichen Auskünfte erhalten wirst. Es gibt jedoch die Möglichkeit, dass Du bei der Industrie- und Handelskammer (IHK) an Deinem Wohnort um Rat fragst, dort bekommst Du verbindliche Auskünfte.

Schreibe der IHK am besten per E-Mail Deine Geschäftsidee und dass Du ein Nebengewerbe starten möchtest. An meinem Standort Offenbach gibt es sogar kostenlose Infogespräche dazu.

Eine wunderbare Möglichkeit, um gute Informationen zu erhalten und kein teures Lehrgeld zu bezahlen. Die IHK hat oftmals Infobroschüren, in denen viele Details aufgeführt sind, die für den Start wichtig sein könnten. Hier ein Auszug aus der E-Mail der Rechtsabteilung der IHK bezüglich der Abgrenzung von privat und gewerblich.

Vermietung als Hobby oder Quelle des Lebensunterhalts?

„Grob gesagt ist eine gelegentliche Vermietung von Privatgegenständen erstmal als privat einzuordnen. Wer gewerbliche Strukturen aufbaut, zum Beispiel Internetseite, Geschäfts-Bankkonto und/oder -papier (Rechnungen) hat, in (mehrere) vermietbare Objekte investiert, diese vermietet und damit seinen Lebensunterhalt verdient, ist schnell als Gewerbe zu identifizieren. Grundlage hierfür ist der § 2 des Einkommenssteuergesetzes (EStG). Zur Abgrenzung kommt noch ein weiteres Merkmal hinzu: Gewerblichkeit trifft dann zu, wenn mit der Vermietung noch zusätzliche Leistungen für den Mieter einhergehen."

Ferner stand in der E-Mail der IHK Offenbach:

Liegen die Kriterien für die Gewerblichkeit vor?

„Um eine gewerbliche Vermietung zu bejahen, muss man objektiv beurteilen, ob ein Betrieb vorliegt, den man eher einem Händler als einer Privatperson zurechnen würde. Werden Dinge extra angekauft und Mietgegenstände beworben, ist dies klar der Fall. Für ein Unternehmertum spricht auch, wenn Sachen angeboten werden, die der Vermieter selbst gar nicht nutzt. Oder es wird auf den Mietgegenstand abgestellt und beurteilt, ob dieser eine typische Mietsache ist oder beispielsweise eher ein Luxusgegenstand, der bei Nichtnutzung durch den Vermieter ganzjährig ungenutzt in der Garage oder im Abstellraum stehen würde."

Schlusswort

Du bist fast fertig mit diesem Buch und weißt nun genau worauf es ankommt. Glückwunsch! Lerne aus meinen Fehlern, damit Du ohne Umwege schneller und besser in die Spur kommst.

Meine Empfehlung:

Starte mit schönen Flyern und verteile sie in der Stadt, um schnell Kunden zu gewinnen.

Mache bei der Abgabe und Annahme immer genügend Beweisfotos vom Zustand Deines Autos. Belegfotos und Protokolle erleichtern zudem die Abwicklung eines möglichen Schadensfalls mit der Versicherung und dem Mieter.

Melde Dich bei den genannten Plattformen an und vermiete Dein Auto. Behalte stets die Angebote der Konkurrenz im Auge. Je besser Du im Bilde bist, desto gezielter kannst Du Dich dem Markt anpassen. Beispielsweise mit einem niedrigeren Grundpreis und dafür weniger Inklusiv-Kilometern. So kannst am Ende genauso viel oder noch mehr verdienen, die finanzielle Hürde für den potentiellen Mieter ist aber geringer.

Höre immer auf Dein Bauchgefühl und lehne auch mal Vermietungen ab, wenn Dir der Kunde vor Ort nicht vertrauenswürdig erscheint. Schließlich geht es um einen großen Vermögenswert, Dein Elektroauto.
Persönlich wünsche ich Dir den gleichen Erfolg wie ich ihn hatte. All die Tipps, die ich Dir hier auf dem Silbertablett serviert habe, habe ich mir über Jahre erarbeitet. Du kannst mit meinen Tipps sofort Vermietungen generieren und anfangen, Geld zu verdienen.

Alles Gute und viel Glück!

Niklas C. Elser

P.S. Wenn Dir das Buch gefallen und vor allem geholfen hat, würde ich mich sehr über eine positive Bewertung und eine Weiterempfehlung freuen.

Autor

Niklas C. Elser, (Jahrgang: 1988) lebt in Offenbach am Main. Nach der Mittleren Reife startete er seine Ausbildung als Notarfachangestellter. Nach mehreren fachlichen Weiterbildungen arbeitet er heute als Notarfachwirt. Er ist Immobilien-Ökonom und sein BWL-Studium (nach Feierabend) schloss er erfolgreich mit dem „Bachelor of Arts" ab. Das Thema seiner Bachelor Thesis war „Kundenzufriedenheit".

Vielen Dank, liebe Leserin, lieber Leser, dass Du mein Buch gekauft hast. Jeden Tag mache ich neue Erfahrungen. Diese Erkenntnisse lasse ich in die nächste Auflage des Buches einfließen. Wenn Du mit Deinen eigenen Erfahrungen dazu beitragen möchtest, dann melde Dich gerne bei mir, dann bekommst Du mein neustes Werk, mit 50 Prozent Rabatt.